MISTERIOS DE LA CIENCIA

MYSTERIES OF SCIENCE

# OVNIS

## EL MISTERIO SIN RESOLVER

# UFOs

## THE UNSOLVED MYSTERY

POR/BY CONNIE COLWELL MILLER

Consultora de lectura/Reading Consultant:
Barbara J. Fox
Especialista de lectura/Reading Specialist
North Carolina State University

Consultor de contenido/Content Consultant:
Jerome Clark, Editor
International UFO Reporter
J. Allen Hynek Center for UFO Studies
Chicago, Illinois

Blazers is published by Capstone Press,
1710 Roe Crest Drive, North Mankato, Minnesota 56003.
www.capstonepub.com

*Library of Congress Cataloging-in-Publication Data*
Miller, Connie Colwell, 1976–
   [UFOs. Spanish & English]
   Ovnis : El misterio sin resolver = UFOs : the unsolved mystery /
por/by Connie Colwell Miller ; consultora de lectura/reading consultant,
Barbara J. Fox.
       p. cm. — (Blazers bilingue/bilingual: misterios de la
ciencia/mysteries of science)
   Includes index.
   ISBN 978-1-4296-9231-1 (library binding)
   ISBN 978-1-62065-217-6 (ebook PDF)
   1. Unidentified flying objects—Juvenile literature. I. Title. II. Title: UFOs.
TL789.M5218 2013
001.942—dc23                                                    2011050117

Summary: Presents the mystery of UFOs, including current theories and famous sightings.

**Editorial Credits**
Lori Shores, editor; Strictly Spanish, translation services; Alison Thiele, designer; Eric Mankse,
   bilingual book designer; Marcie Spence, photo researcher

**Photo Credits**
Alamy/Clare Charleson, 28–29; ImageState, cover; Mark Wagner Aviation-Images, 4–5; Mary
   Evans Picture Library, 8–9, 18–19, 24; Stock Connection Blue, 6–7
Corbis/Bettmann, 12–13, 25
Fortean Picture Library, 10–11
Getty Images Inc./Popperfoto, 22–23; STR/AFP, 26–27
Newscom, 14; Solent News/Splash News and Pictures, 15
Shutterstock/Marilyn Volan, grunge background (throughout); Maugli, 16–17 (background);
   Michael Ledray, 20–21; rgbspace, (paper art element) 3, 17; Shmeliova Natalia, 16 (paper
   art element)

Printed in the United States of America in Stevens Point, Wisconsin.
032012        006678WZF12

# TABLE OF CONTENTS

# TABLA DE CONTENIDOS

# FLYING OBJECT

In May 1995, John Waller saw a long row of white lights. They blinked in the sky ahead of his airplane.

# OBJETO VOLADOR

En mayo de 1995, John Waller vio una larga hilera de luces blancas. Parpadeaban en el cielo delante de su avión.

Waller called air traffic controllers in Albuquerque, New Mexico. The controllers didn't see anything unusual on the **radar**.

Waller llamó a los controladores de tráfico aéreo en Albuquerque, Nuevo México. Los controladores no vieron nada inusual en el **radar**.

**radar**—equipment that uses radio waves to track the location of objects

**radar**—un equipo que usa ondas de radio para rastrear la ubicación de objetos

Lightning suddenly lit up the sky.
Waller saw a long **aircraft**. Waller had
seen a UFO.

**UFO FACT**

UFO stands for Unidentified
Flying Object.

**OVNI DATO**

OVNI (u ovni) es la sigla de Objeto
Volador No Identificado.

De pronto relámpagos iluminaron el cielo. Waller vio una larga **aeronave**. Waller había visto un ovni.

**aircraft**—a vehicle that can fly

**aeronave**—un vehículo que puede volar

Many UFO researchers think this 1951 photo is a fake.

Muchos investigadores de ovnis piensan que esta foto de 1951 es falsa.

# WHAT ARE UFOS?

A UFO is an object in the sky that can't be explained. Some UFOs look like aircraft. Others are only flashing lights.

# ¿QUÉ SON LOS OVNIS?

Un ovni es un objeto en el cielo que no tiene explicación. Algunos ovnis parecen aeronaves. Otros son solo luces parpadeantes.

## UFO FACT

According to a 2002 study, one in seven Americans say they or someone they know has seen a UFO.

## OVNI DATO

Según un estudio de 2002, uno de cada siete estadounidenses dice que él o ella, o alguien que conoce, han visto un ovni.

People all over the world report UFO **sightings**. Many people have seen strange discs or triangles. Round and cigar-shaped UFOs are also common.

**UFO FACT**

About 70,000 UFOs are reported each year. There are about 192 sightings each day.

**OVNI DATO**

Unos 70,000 ovnis son reportados cada año. Hay más o menos 192 avistamientos cada día.

Personas en todo el mundo reportan **avistamientos** de ovnis. Muchas personas han visto discos o triángulos extraños. Los ovnis circulares o con forma de cigarro también son comunes.

**sighting**—an experience of seeing something

**avistamiento**—una experiencia de ver algo

Alien spaceships attack Earth in the movie *Independence Day*.

Naves espaciales extraterrestres atacan a la Tierra en la película *Día de la Independencia*.

Some people think that UFOs are spaceships from other planets. These people believe that **aliens** are visiting Earth.

**alien**—a creature from another planet

**extraterrestre**—una criatura de otro planeta

Algunas personas piensan que los ovnis son naves espaciales de otros planetas. Ellos creen que **extraterrestres** están visitando la Tierra.

Filmmakers have created some scary aliens, like this one from the movie *Alien 3*.

Los cineastas han creado algunos extraterrestres aterradores, como este de la película *Alien 3*.

# FAMOUS SIGHTINGS

In January 2008, people in Stephenville, Texas, saw many large aircraft with flashing lights. The objects flew lower than airplanes. Many people think they were from another planet.

Something crashed near Roswell, New Mexico, in July 1947. People reported seeing a disc-shaped UFO before the crash. The U.S. government says the UFO was just a weather balloon.

In July 2007, people in the United Kingdom looked up in shock. Four lights glowed in the sky. Three of the lights flew together to form a triangle. No one knows what the lights were.

Hundreds of people saw something strange in Phoenix, Arizona, in March 1997. Bright lights formed a triangle in the sky. The military said they were flares. But no one knows for sure.

# AVISTAMIENTOS FAMOSOS

👁 En enero de 2008, personas en Stephenville, Texas, vieron muchas aeronaves grandes con luces parpadeantes. Los objetos volaban más bajo que los aviones. Muchos piensan que estos venían de otro planeta.

👁 Algo cayó del cielo cerca de Roswell, Nuevo México, en julio de 1947. La gente dijo que vio un ovni con forma de disco antes de la colisión. El gobierno de EE.UU. dice que el ovni era simplemente un globo meteorológico.

👁 En julio de 2007, personas en el Reino Unido miraron al cielo con asombro. Cuatro luces resplandecían en el cielo. Tres de estas luces volaban juntas para formar un triángulo. Nadie sabe qué fueron estas luces.

👁 Cientos de personas vieron algo extraño en Phoenix, Arizona, en marzo de 1997. Unas luces brillantes formaban un triángulo en el cielo. Las Fuerzas Armadas dijeron que fueron fogonazos. Pero nadie sabe con seguridad.

Fred and Phyll Dickeson took this picture of a UFO in New Zealand.

Fred y Phyll Dickeson tomaron esta foto de un ovni en Nueva Zelanda.

# EXPLAINING UFOS

Many scientists find ways to explain UFOs. These scientists think people mistake bright stars or planets for aircraft.

# CÓMO EXPLICAR LOS OVNIS

Muchos científicos buscan maneras de explicar la aparición de ovnis. Estos científicos piensan que la gente confunde estrellas o planetas brillantes con aeronaves.

Many UFOs turn out to be airplanes, birds, or even large groups of insects. Unusual weather conditions also explain some UFO sightings.

Muchos ovnis resultan ser aviones, pájaros o incluso grandes grupos de insectos. Ciertas condiciones inusuales del clima también explican algunos avistamientos de ovnis.

## UFO FACT

Some UFOs are fakes. People have used balloons with lights in them to fool others.

## OVNI DATO

Algunos ovnis son falsos. La gente ha usado globos con luces incorporadas para engañar a otros.

Some UFO sightings have never been explained. These **mysterious** events make people wonder if UFOs could be alien spaceships.

**mysterious**—very hard to explain or understand

**misterioso**—muy difícil de explicar o entender

Algunos avistamientos de ovnis nunca han sido explicados. Estos misteriosos eventos hacen que la gente se pregunte si los ovnis podrían ser naves espaciales extraterrestres.

This picture was taken in Salem, Massachusetts, in 1952.

Esta foto fue tomada en Salem, Massachusetts, en 1952.

# FLYING SAUCERS:

AN ANALYSIS OF THE

## AIR FORCE PROJECT BLUE BOOK SPECIAL REPORT No. 14

Many people think world leaders know more about UFOs than they are telling us.

INCLUDING

## THE C.I.A. AND THE SAUCERS

PREPARED BY
DR. LEON DAVIDSON

FIFTH EDITION
DECEMBER, 1976

Muchas personas creen que los líderes mundiales saben más sobre los ovnis de lo que nos dicen.

In 1947, members of the U.S. Air Force began looking for answers to UFOs. They interviewed many people and looked at UFO pictures. But they did not solve the mystery.

En 1947, miembros de la Fuerza Aérea de EE.UU. comenzaron a buscar respuestas para los ovnis. Ellos entrevistaron a muchas personas y observaron fotos de ovnis. Pero no resolvieron el misterio.

# THE FUTURE OF UFOS

Researchers have gathered thousands of UFO pictures and drawings. But no one has proven that UFOs are from another planet.

# EL FUTURO DE LOS OVNIS

Algunos investigadores han reunido miles de fotos y dibujos de ovnis. Pero nadie ha probado que los ovnis sean de otro planeta.

Maybe one day we will know the truth about UFOs. Until then, people will wonder about these strange objects in the sky.

Tal vez algún día podamos saber la verdad sobre los ovnis. Hasta entonces, la gente se preguntará sobre estos extraños objetos en el cielo.

## UFO FACT

Every year, about 200,000 people visit the International UFO Museum and Research Center in Roswell, New Mexico.

## OVNI DATO

Cada año, unas 200,000 personas visitan el Museo y Centro de Investigación Internacional de Ovnis en Roswell, Nuevo México.

# GLOSSARY

**aircraft**—a vehicle that can fly

**alien**—a creature from another planet

**flare**—a burst of light shot from a gun

**interview**—to ask someone questions to find out more about something

**mysterious**—very hard to explain or understand

**planet**—a large object that moves around a star; the Earth is a planet

**radar**—equipment that uses radio waves to track the location of objects

**scientist**—a person who studies science

**sighting**—an experience of seeing something

# INTERNET SITES

FactHound offers a safe, fun way to find Internet sites related to this book. All of the sites on FactHound have been researched by our staff.

Here's all you do:
Visit *www.facthound.com*
Type in this code: 9781429692311

# GLOSARIO

**la aeronave**—un vehículo que puede volar

**el avistamiento**—una experiencia de ver algo

**el científico**—una persona que estudia ciencias

**entrevistar**—hacer preguntas a alguien para averiguar más acerca de algo

**el extraterrestre**—una criatura de otro planeta

**el fogonazo**—un destello de luz emitido desde un arma

**misterioso**—muy difícil de explicar o entender

**el planeta**—un objeto grande que gira alrededor de una estrella; la Tierra es un planeta

**el radar**—equipo que usa ondas de radio para rastrear la ubicación de objetos

# SITIOS DE INTERNET

FactHound brinda una forma segura y divertida de encontrar sitios de Internet relacionados con este libro. Todos los sitios en FactHound han sido investigados por nuestro personal.

Esto es todo lo que tienes que hacer:
Visita *www.facthound.com*
Ingresa este código: 9781429692311

# INDEX

Check out projects, games and lots more at
**www.capstonekids.com**

# ÍNDICE

Hay proyectos, juegos y mucho más en
**www.capstonekids.com**